# Suppen & Eintöpfe

## 80 vegane Rezepte

Nora Thaler

# Inhaltsverzeichnis

# Vorwort

In diesem veganen Kochbuch finden sie eine Auswahl von 80 veganen Suppen und Eintöpfen, für jede Jahreszeit und für jeden Anlass. Von der leichten Suppe bis zum deftigem Eintopf sind alle Rezepte vorhanden.

Suppen und besonders Eintöpfe, auch One Pot Gerichte genannt, sind derzeit voll im Trend. Suppen und Eintöpfe zuzubereiten macht Spaß und ist eine kostengünstige Möglichkeit gesund und lecker zu Essen.

Mit diesen Rezepten haben sie eine tierleidfreie und gesunde Alternative.

Bei der Zusammenstellung achte ich immer darauf, auf exotische Zutaten zu verzichten. Auch sind die Rezepte einfach gehalten.

Ich wünsche ihnen natürlich viel Spaß mit dieser Auswahl an veganen Rezepten.

Nora Thaler

# Hinweise zum Buch

- Die Rezepte sind meist Basisrezepte und können nach eigenem Belieben verändert werden.
- Selbstverständlich sollte man zum Kochen nur Bio-Gemüse verwenden.
- Das Schälen und Waschen der Kartoffel etc. habe ich in den Rezepten nicht extra erwähnt.
- Sollte die Suppe oder der Eintopf zu dickflüssig sein, mit etwas Wasser bzw. Gemüsebrühe verflüssigen und kurz aufkochen.
- Sollte ihnen die Suppe zu dünn sein, einen EL Mehl, wenn es passt auch Kartoffelpüreepulver einsieben und gut verrühren.
- Die Kochzeiten sind Richtwerte. Bei Gerichten, besonders mit Kartoffeln variieren, je nach Größe der Kartoffelwürfel. Außerdem weichen die Temperaturen von Herd zu Herd etwas ab.
- Alle Rezepte sind für 3 - 4 Personen ausgelegt.

# Warme Suppen

# Lauch - Käsesuppe

## Zutaten

- 2 Stangen Lauch
- 120g Sojaschnetzel + Wasser (Menge nach Packungsbeschreibung)
- 1 Packung veganen Frischkäse
- 1 Knoblauchzehe
- 850 ml Gemüsebrühe
- 1 EL Hefeflocken
- 1 TL Paprika edelsüß
- 1 TL veganes „Fleischgewürz“
- 1 TL Pfeffer
- 1 TL Soja Sauce

## Zubereitung

- Knoblauchzehe pressen.
- Lauch in Scheiben schneiden, waschen und in einen Topf geben.

- Gemüsebrühe zugießen. Die kleingeschnittene Knoblauchzehe hinzugeben.
- Den Topf erhitzen und den Lauch darin weichkochen.
- Sojaschnetzel nach Packungsangabe zubereiten
- Sojaschnetzel in ein Sieb geben, auswaschen und ausrücken.
- In eine beschichtete Pfanne ohne Öl geben und braten, sodass die Sojaschnetzel die Flüssigkeit verlieren.
- Paprika, Pfeffer, Fleischgewürz und Sojasauce zugeben, gut umrühren und zum Lauch dazugeben.
- Hefeflocken und veganen Frischkäse zugeben.
- Abschmecken, gut umrühren und nochmals aufkochen lassen, damit der Frischkäse sich gut aufgelösen kann.
- 5 Minuten ziehen lassen.
- In tiefen Tellern servieren. Hierzu passt z. B. sehr gut Weißbrot.

# Wirsingsuppe

## Zutaten

- ½ Wirsingkopf
- 1 Kartoffel
- 1 Karotte
- 1 Zwiebel
- 1000 ml heiße Gemüsebrühe
- 2 EL (Rapsöl)
- 50 ml Sojasahne
- Salz und Pfeffer zum Abschmecken.

## Zubereitung

- Zwiebel hacken, Kartoffel und Karottel klein würfeln, Wirsing in Streifen schneiden.
- Öl in einem Topf erhitzen und Zwiebel darin glasig andünsten.
- Wirsing zugeben und kurz mitdünsten.

- Gemüsebrühe mit Karotte und Kartoffel zugeben und 45 Minuten köcheln lassen.
- Sojasahne zugeben und 5 Minuten ziehen lassen.
- Abschmecken und in tiefen Tellern servieren.

# Linsensuppe

## Zutaten

- 250 g rote Linsen
- 500 g passierte Tomaten
- 3 Knoblauchzehen
- 1 Zwiebel
- 750 ml warme Gemüsebrühe
- 2 TL Curry
- 2 TL Koriander
- 1 TL Kümmel
- Saft von einer Zitrone
- 2 EL (Raps)Öl
- Salz und Pfeffer zum Abschmecken.

## Zubereitung

- Zwiebel und Knoblauchzehen klein hacken.

- Öl in einem Topf erhitzen und Zwiebel mit Knoblauch glasig andünsten.
- Gewaschene und abgetropfte Linsen zugeben und eine Minute köcheln lassen.
- Gemüsebrühe zugeben, aufkochen und 20 Minuten leicht köcheln lassen.
- Tomaten zugeben und kurz aufkochen.
- Restliche Zutaten zugeben und 5 Minuten ziehen lassen.
- Linsensuppe mit einem Pürierstab pürieren.
- Abschmecken und in tiefen Tellern servieren.

# Reissuppe

## Zutaten

- 200 g Reis
- 1 Karotte
- 1 Bund Schnittlauch
- 1000 ml warme Gemüsebrühe
- 1 TL Curry
- 2 EL (Raps)Öl
- Salz und Pfeffer zum Abschmecken.

## Zubereitung

- Reis gut auswaschen und abtropfen lassen. Karotte klein raspeln.
- Öl in einem Topf erhitzen und Reis glasig andünsten.
- Gemüsebrühe zugeben, aufkochen und 20 Minuten leicht köcheln lassen.
- Karotte zugeben und kurz aufkochen.

- Curry zugeben und 20 Minuten köcheln lassen.
- Schnittlauch schneiden und zur Suppe geben.
- Abschmecken und in tiefen Tellern servieren.

# Erbsensuppe

## Zutaten

- 250 g Erbsen
- 3 Kartoffeln
- 1 Karotte
- 1 Knoblauchzehe
- 1 Zwiebel
- 1000 ml Gemüsebrühe
- 1 EL Liebstöckel
- 2 TL Koriander
- 1 TL Thymian
- 1 TL Majoran
- 2 EL (Raps)Öl
- Salz und Pfeffer zum Abschmecken.

## Zubereitung

- Die Erbsen über Nacht, für mindestens 12 Stunden einweichen.
- Zwiebel und Knoblauchzehen klein hacken.
- Kartoffeln und Karotte klein würfeln.
- Öl in einem Topf erhitzen und Zwiebel mit Knoblauch glasig andünsten.
- Gemüsebrühe, Kartoffel, Karotte, Gewürze und Erbsen zugeben, aufkochen und 30 Minuten leicht köcheln lassen.
- Am besten schmeckt die Suppe, wenn sie für 24 Stunden zieht und dann nochmal aufgekocht wird.
- Abschmecken und in tiefen Tellern servieren.

# Zwiebelsuppe

## Zutaten

- 400 g Zwiebeln
- 500 ml warme Gemüsebrühe
- 2 TL Curry
- 2 TL Koriander
- 1 TL Kümmel
- Saft von einer Zitrone
- 2 EL (Kokos)Öl
- Salz und Pfeffer zum Abschmecken.

## Zubereitung

- Zwiebel  klein hacken.
- Kokosöl in einem Topf erhitzen und Zwiebel glasig andünsten.
- Gemüsebrühe zugeben, aufkochen und 20 Minuten leicht köcheln lassen.
- Restliche Zutaten zugeben und 5 Minuten ziehen lassen.

- Abschmecken und in tiefen Tellern servieren.

# Grünkohlsuppe

## Zutaten

- 300 g Grünkohl
- 2 Kartoffeln
- ½ Glas Kichererbsen
- 1 Zwiebel
- 700 ml warme Gemüsebrühe
- 100 ml Sojasahne
- 2 EL (Kokos)Öl
- 2 Prisen Muskat
- Salz und Pfeffer zum Abschmecken.

## Zubereitung

- Zwiebel klein hacken, Kartoffel klein würfeln und Grünkohl klein zupfen.
- Öl in einem Topf erhitzen und Zwiebel glasig andünsten.
- Kartoffeln zugeben und 5 Minuten, unter ständigem Rühren anschwitzen.

- Grünkohl unterheben und gut vermengen.
- Gemüsebrühe zugeben, aufkochen und 10 Minuten, unter gelegentlichem umrühren, leicht köcheln lassen.
- Kichererbsen und Muskat zugeben und weitere 10 Minuten köcheln lassen.
- Wenn die Kartoffeln bissfest sind die Suppe mit einem Pürierstab pürieren.
- Sojasahne zugeben, kurz aufkochen und 5 Minuten ziehen lassen.
- Mit Salz und Pfeffer abschmecken und in tiefen Tellern servieren.

# Erdnusssuppe

## Zutaten

- 4 EL gemahlene, geröstete, ungesalzene Erdnüsse
- 3 Kartoffeln
- 2 Tomaten
- 1 Paprika
- 1 Zwiebel
- 1000 ml Gemüsebrühe
- 2 TL Koriander
- 2 EL (Erdnuss)Öl
- Salz und Pfeffer zum Abschmecken.
- 2 EL Erdnüsse zum Garnieren

## Zubereitung

- Zwiebel klein hacken.
- Kartoffeln, Tomaten und Paprika klein würfeln.
- Öl in einem Topf erhitzen und Zwiebel glasig andünsten.

- Kartoffel, Paprika und Tomaten zugeben und 5 Minuten, unter ständigem Rühren anschwitzen.
- Gemüsebrühe und Gewürze zugeben, aufkochen und für 20 Minuten leicht köcheln lassen.
- Die Suppe mit einem Pürierstab pürieren und gemahlene Erdnüsse zugeben.
- Umrühren und kurz ziehen lassen.
- Abschmecken und mit den Erdnüssen garnieren.

# Nudelsuppe mit Karotten

## Zutaten

- 150 g vegane Suppennudeln
- 3 Karotte
- 1 Bund Schnittlauch
- 1000 ml Gemüsebrühe
- 1 TL Curry
- 2 EL (Raps)Öl
- Salz und Pfeffer zum Abschmecken.

## Zubereitung

- Karotte klein raspeln.
- Öl in einem Topf erhitzen und Karotte etwas andünsten.
- Gemüsebrühe zugeben und aufkochen.
- Curry und Nudeln zugeben und solange kochen lassen wie es auf der Packungsangabe steht.
- Schnittlauch schneiden und zur Suppe geben.

- Abschmecken und in tiefen Tellern servieren.

# Miso - Suppe

## Zutaten

- 4 EL Miso
- 2 Zwiebel
- 2 Knoblauchzehe
- 1000 ml kochendes Wasser
- 2 EL (Sesam)Öl

## Zubereitung

- Zwiebel und Knoblauch fein hacken.
- Öl in einem Topf erhitzen und Zwiebel mit Knoblauch andünsten.
- Miso in etwas Wasser auflösen und in den Topf zugeben.
- Das kochende Wasser zugeben und die Suppe etwa 5 Minuten ziehen lassen.

# Spinatsuppe

## Zutaten

- 500 g Spinat (frisch oder abgetropften TK Spinat)
- 3 Knoblauchzehen
- 1000 ml heiße Gemüsebrühe
- 100 ml Sojasahne
- 1 TL Paprikapulver
- 2 EL Mehl
- 3 EL (Raps)Öl
- Salz und Pfeffer zum Abschmecken.

## Zubereitung

- Spinat gründlich waschen, gut abtropfen lassen und im Mixer zerkleinern.
- Knoblauchzehen klein hacken.
- In einem Topf Öl erhitzen, Mehl einrühren und kurz anschwitzen.

- Spinat zugeben und weiterrühren.
- Gemüsebrühe und Knoblauch zugeben und 20 Minuten köcheln lassen.
- Sahne zugeben und kurz aufkochen.
- 5 Minuten ziehen lassen.
- Abschmecken und in tiefen Tellern servieren.

# Kohlrabi – Petersiliensuppe

## Zutaten

- 400 g Kohlrabi
- 2 Kartoffeln
- 1 Zwiebel
- 3 Knoblauchzehen
- 1200 ml Gemüsebrühe
- 100 g Petersilie
- 1 Lorbeerblatt
- 1 EL Zitronensaft
- 1 EL (Raps)Öl
- Salz und Pfeffer zum Abschmecken.

## Zubereitung

Petersilie fein hacken, Kartoffel und Kohlrabi in kleine Stücke schneiden.

- Knoblauchzehen und Zwiebel klein hacken.

- Öl in einem Topf erhitzen und Zwiebel darin glasig andünsten.
- Knoblauch, Kartoffel, Kohlrabi und Petersilie zugeben und kurz mit anbraten.
- Gemüsebrühe, Zitronensaft und Lorbeerblatt zugeben und 30 Minuten köcheln lassen.
- Mit einem Pürierstab die Suppe pürieren.
- Abschmecken und in tiefen Tellern servieren.

# Chinakohlsuppe

## Zutaten

- 500 g Chinakohl
- 2 Kartoffel
- 1 Karotte
- 1 Zwiebel
- 1 Knoblauchzehe
- 900 ml Gemüsebrühe
- 2 TL Currypulver
- 2 Prisen Ingwerpulver
- 2 Prisen Muskat
- 2 EL (Raps)Öl
- 50 ml Sojasahne
- Salz und Pfeffer zum Abschmecken.

## Zubereitung

- Zwiebel und Knoblauchzehe hacken, Kartoffeln und Karotte klein würfeln, Chinakohl in dünne Streifen schneiden.
- Öl in einem Topf erhitzen, Zwiebel und Knoblauch darin glasig andünsten.
- Kartoffeln, Karotte und Currypulver zugeben und ein paar Minuten mit andünsten.
- Chinakohl zugeben, gut umrühren und kurz mitdünsten.
- Gemüsebrühe zugeben, aufkochen und 25 Minuten köcheln lassen.
- Suppe mit einem Pürierstab fein pürieren.
- Ingwer und Muskat zugeben.
- Sojasahne zugeben, aufkochen und 5 Minuten ziehen lassen.
- Mit Salz und Pfeffer Abschmecken und in tiefen Tellern servieren.

# Kokossuppe

## Zutaten

- 1 Dose Kokosmilch
- 300 g Kartoffeln
- 100 g rote Linsen
- 2 Karotten
- 1 Zwiebel
- 2 Knoblauchzehen
- 600 ml warme Gemüsebrühe
- 2 EL Currypulver
- 2 EL Kokosöl
- Salz und Pfeffer zum Abschmecken.

## Zubereitung

- Linsen waschen und abtropfen lassen.
- Zwiebel und Knoblauchzehen klein hacken.

- Kartoffeln und Karotten würfeln.
- Kokosöl in einem Topf erhitzen und Zwiebel mit Knoblauch glasig andünsten.
- Gemüsebrühe, Kartoffeln, Karotten und Linsen zugeben, aufkochen und 20 Minuten köcheln lassen.
- Mit einem Pürierstab die Suppe pürieren.
- Kokosmilch und Currypulver zugeben und nochmals aufkochen.
- 5 Minuten ziehen lassen.
- Abschmecken und in tiefen Tellern servieren.

# Graupensuppe

## Zutaten

- 150 g Graupen (Perlgraupen, mittel)
- 125 g Räuchertofu
- 5 Kartoffeln
- 1 kleines Stück Sellerie
- 2 Karotten
- 1 Zwiebel
- ½ Stange Lauch
- 1500 ml Gemüsebrühe
- 3 EL Sojasauce
- 1 Prise Muskat
- 2 Prisen Pfeffer
- 2 EL (Raps)Öl
- Petersilie zum Garnieren

## Zubereitung

- Zwiebel klein hacken, Lauch in dünne Ringe schneiden.
- Räuchertofu, Kartoffeln, Sellerie und Karotten würfeln.
- Öl in einem Topf erhitzen und Zwiebel glasig andünsten.
- Graupen zugeben und ebenfalls glasig anschwitzen.
- Restliches Gemüse zugeben und kurz mit anbraten.
- Gemüsebrühe zugeben, aufkochen und 30 Minuten, bis die Graupen gar sind, leicht köcheln lassen.
- Räuchertofu in einer Pfanne scharf anbraten.
- Räuchertofu zugeben und nochmals aufkochen.
- Gewürze zugeben und 5 Minuten ziehen lassen.
- Mit Petersilie bestreut in tiefen Tellern servieren.

# Haferflockensuppe

## Zutaten

- 70 g zarte Haferflocken
- 50 g Zucker
- 1000 ml Pflanzendrink (Empfehlung: Haferdrink)
- 1 EL veganer Butter
- Optional: Zimt
- Salz zum Abschmecken

## Zubereitung

- Pflanzendrink in einem Topf zum Kochen bringen.
- Haferflocken einrühren und bei schwacher Hitze 10 Minuten ausquellen lassen.
- Zucker und Butter einrühren.
- Mit Salz abschmecken und Optional mit Zimt bestreuen.

# Löwenzahnsuppe

## Zutaten

- 60 g Löwenzahn
- 1 Knoblauchzehe
- 1 EL gehackte Schnittlauch
- 1000 ml Pflanzendrink, nach Belieben
- 3 EL Mehl
- 2 EL vegane Butter
- Salz und Pfeffer zum Abschmecken.

## Zubereitung

- Knoblauchzehen klein hacken.
- Löwenzahnblätter fein schneiden.
- Butter in einem Topf erhitzen und Löwenzahn mit Knoblauch, unter ständigem Rühren, glasig andünsten.
- Mit Mehl bestäuben und unter ständigem Rühren 5 Minuten weiter kochen.

- Auf kleine Hitze stellen und den Pflanzendrink zugeben.
- Die Suppe für 10 Minuten leicht köcheln lassen.
- Mit einem Pürierstab die Suppe pürieren.
- Abschmecken und mit Schnittlauch bestreuen.

# Brennnesselsuppe

## Zutaten

- 500 g Brennnesselblätter
- 1 Kartoffel
- 1 Zwiebel
- 1000 ml Gemüsebrühe
- 50 g Sojasahne
- 2 EL (Raps)Öl
- Salz und Pfeffer zum Abschmecken.
- 1 EL gehackte Schnittlauch zum Garnieren

## Zubereitung

- Zwiebel klein hacken, Brennnesselblätter abwaschen und Kartoffel klein würfeln.
- Ök in einem Topf erhitzen und Zwiebel glasig andünsten.
- Kartoffel zugeben und 5 Minuten weiter köcheln lassen.

- Brennnesselblätter zugeben und eine Minute garen lassen.
- Gemüsebrühe hinzufügen und bei kleiner Hitze 10 Minuten köcheln lassen.
- Sojasahne zugeben, aufkochen und für weitere 5 Minuten leicht köcheln lassen.
- Mit einem Pürierstab die Suppe pürieren.
- Abschmecken und mit Schnittlauch bestreuen.

# Gänseblümchensuppe

## Zutaten

- 3 Handvoll Gänseblümchen
- 400 g Kartoffeln
- 1 Zwiebel
- 2 EL Petersilie
- 800 ml Gemüsebrühe
- 200 ml Sojasahne
- 2 EL (Raps)Öl
- Salz und Pfeffer zum Abschmecken.

## Zubereitung

- Zwiebel klein hacken und Kartoffeln klein würfeln.
- Von den Gänseblümchen nur die Köpfe verwenden, gründlich waschen und trocken tupfen.
- Öl in einem Topf erhitzen und Zwiebel glasig andünsten.

- Kartoffeln zugeben und unter ständigem Rühren 3 Minuten anschwitzen.
- Gemüsebrühe zugeben und für 25 Minuten leicht köcheln lassen.
- Gänseblümchen einrühren*.
- Mit einem Pürierstab die Suppe pürieren.
- Abschmecken und mit Petersilie bestreuen.
- *Optional kann mit den Gänseblümchen auch noch etwas Bärlauch zugegeben werden.

# Bananensuppe

## Zutaten

- 4 reife Bananen
- 1 Dose Kokosmilch
- 1 Zwiebel
- 1 Knoblauchzehe
- 600 ml warme Gemüsebrühe
- 3 EL Currypulver
- 2 EL Kokosöl
- Salz und Pfeffer zum Abschmecken.

## Zubereitung

- Zwiebel und Knoblauchzehe klein hacken.
- Kokosöl in einem Topf erhitzen und Zwiebel mit Knoblauch glasig andünsten.
- Banane zugeben und anbraten.

- Banane kleindrücken.
- Gemüsebrühe, Kokosmilch und Currypulver zugeben, aufkochen und 10 Minuten köcheln lassen.
- Abschmecken und in tiefen Tellern servieren.

# Sauerkrautsuppe

## Zutaten

- 500 g Sauerkraut
- 150 g Zwiebeln
- 300 g Kartoffeln
- 1 Paprika
- 1200 ml Gemüsebrühe
- 1 TL Paprikapulver
- 1 TL Kümmel
- 120 g Sojasahne
- 3 EL (Raps)Öl
- Salz und Pfeffer zum Abschmecken.

## Zubereitung

- Zwiebel klein hacken. Sauerkraut bei Bedarf klein schneiden und Kartoffeln würfeln.
- Öl in einem Topf erhitzen und Zwiebel glasig andünsten.

- Mit Gemüsebrühe ablöschen und kurz aufkochen.
- Sauerkraut mit Kümmel und Paprikapulver zugeben.
- Suppe bei mittlerer Hitze für 10 Minuten köcheln lassen.
- Kartoffeln in die Suppe geben.
- Suppe für weitere 20 Minuten köcheln lassen, bis die Kartoffeln weich sind.
- Sahne zugeben und kurz aufkochen.
- 5 Minuten ziehen lassen.
- Abschmecken und in tiefen Tellern servieren.

# Knoblauchcremesuppe

## Zutaten

- 6 Knoblauchzehen
- 1000 ml warme Gemüsebrühe
- 4 Toastbrotscheiben
- 250 ml Sojasahne
- 2 EL Petersilie
- 1 TL Salz

## Zubereitung

- Knoblauchzehen klein hacken.
- Toast würfeln.
- Gemüsebrühe im Topf aufkochen, Knoblauch und Salz zugeben.
- Für 5 Minuten köcheln lassen.
- Toast zugeben und für weitere 10 Minuten köcheln lassen.

- Mit einem Pürierstab die Suppe pürieren.
- 5 Minuten ziehen lassen.
- Mit Petersilie bestreuen und in tiefen Tellern servieren.

# Currysuppe

## Zutaten

- 1 Apfel
- 1 Stange Lauch
- 1 Zwiebel
- 1 Karotte
- 2 Knoblauchzehen
- 1000 ml Gemüsebrühe
- 1 EL Currypulver
- 1 TL Ingwerpulver
- 3 Prisen Zitronengraspulver
- 200 ml Kokosmilch
- Salz und Pfeffer zum Abschmecken.

## Zubereitung

- Zwiebel klein hacken, Knoblauchzehen pressen.
- Karotte, Lauch und Apfel nach Belieben kleinschneiden.

- Gemüsebrühe aufkochen und Obst mit Gemüse zugeben.
- Suppe bei mittlerer Hitze für 30 Minuten köcheln lassen.
- Kokosmilch, Zitronengras und Curry zugeben und die Suppe mit einem Pürierstab pürieren.
- 5 Minuten ziehen lassen.
- Abschmecken und in tiefen Tellern servieren.

# Süßkartoffelsuppe

## Zutaten

- 3 Süßkartoffeln
- 1 Zwiebel
- 1 Knoblauchzehe
- 2 EL Erdnussbutter
- 1000 ml heiße Gemüsebrühe
- 1 Dose Kokosmilch
- 2 EL Zitronensaft
- 2 EL (Raps)Öl
- Salz und Pfeffer zum Abschmecken.

## Zubereitung

- Zwiebel und Knoblauchzehe klein hacken. Süßkartoffel würfeln.
- Öl in einem Topf erhitzen und Zwiebel mit Knoblauch darin andünsten.

- Gemüsebrühe und Süßkartoffeln zugeben und 20 Minuten köcheln lassen, bis die Süßkartoffeln weich sind.
- Mit einem Pürierstab die Suppe pürieren.
- Kokosmilch, Erdnussbutter und Zitronensaft unterrühren.
- Abschmecken und in tiefen Tellern servieren.

# Kürbissuppe

## Zutaten

- 500 g Hokkaido Kürbis
- 600 ml Gemüsesuppe
- 1 Zwiebel
- 1 Knoblauchzehe
- ½ TL Ingwerpulver
- 1 Prise Muskatnuss
- 2 Prisen Pfeffer
- 1 Prise Salz
- 3 EL (Raps)Öl
- Kürbiskernöl zum Beträufeln

## Zubereitung

- Kürbis entkernen und in kleine Würfel schneiden.
- Knoblauchzehe pressen und Zwiebel klein würfeln.
- In einem erhitzten Topf mit Öl glasig andünsten.

- Kürbis zugeben und kurz mit anbraten.
- Mit der Gemüsesuppe aufgießen.
- Gewürze zugeben und 20 Minuten köcheln lassen.
- Wenn der Kürbis weichgekocht ist, die Suppe pürieren.
- Sollte die Suppe zu dickflüssig sein mit etwas Wasser verflüssigen und kurz aufkochen.
- Suppe im Teller servieren und mit Kürbiskernöl beträufeln.

# Kartoffelsuppe

## Zutaten

- 500 g Kartoffeln
- 500 g Suppengemüse (Möhren, Wurzelpetersilie, Porree, Sellerie)
- 1 Zwiebel
- 1000 ml Gemüsebrühe
- 50 ml Sojasahne
- 2 EL Petersilie
- Salz, Pfeffer Thymian und Majoran
- 2 EL (Raps)Öl

## Zubereitung

- Kartoffeln und Suppengemüse waschen, schälen und klein schneiden. Zwiebel klein hacken.
- 1 EL Öl in einem großen Topf erhitzen und die Kartoffeln mit dem Suppengemüse kurz anbraten
- Gemüsebrühe hinzugeben und 30 Minuten köcheln lassen.

- Die Suppe pürieren.
- Restliches Öl in einer kleinen Pfanne erhitzten und die Zwiebel darin goldgelb dünsten.
- Die Suppe nach Belieben mit Salz, Pfeffer, Thymian, Majoran würzen.
- Die Zwiebel und die Sojasahne in die Suppe rühren und noch 5 Minuten ziehen lassen.
- In tiefen Tellern servieren und mit Petersilie bestreuen.

# Blumenkohlsuppe

## Zutaten

- 1 Blumenkohl
- 1 Kartoffel
- 3 Karotten
- 2 Zwiebel
- 1 Knoblauchzehe
- 700 ml Gemüsebrühe
- 1 TL Currypulver
- ½ TL Ingwerpulver
- 2 Prisen Pfeffer
- 1 Prise Salz
- 3 EL (Raps)Öl
- 1 EL Petersilie zum Garnieren

## Zubereitung

- Blumenkohl, Kartoffel und Karotten in kleine Würfel schneiden.
- Knoblauchzehe pressen und Zwiebel klein würfeln.
- Öl einem Topf erhitzten und Zwiebel mit Knoblauch glasig andünsten.
- Blumenkohl mit Karotten zugeben und kurz mit anbraten.
- Mit der Gemüsebrühe aufgießen.
- Gewürze zugeben und 20 Minuten köcheln lassen.
- Mit einem Pürierstab die Suppe pürieren.
- Sollte die Suppe zu dickflüssig sein mit etwas Wasser verflüssigen und kurz aufkochen.
- Suppe im Teller servieren und mit Petersilie garnieren.

# Gemüsecremesuppe

## Zutaten

- 5 Kartoffel
- 400 g Gemüse nach Belieben (Karotten, Kohlrabi, Paprika usw.)
- 1 Zwiebel
- 1 Knoblauchzehe
- 700 ml Gemüsebrühe
- ½ TL Ingwerpulver
- ½ TL Pfeffer
- ½ TL Salz
- 2 EL (Raps)Öl
- 1 EL Petersilie zum Garnieren

## Zubereitung

- Gemüse und Kartoffeln in kleine Würfel schneiden.
- Knoblauchzehe pressen und Zwiebel klein würfeln.

- Öl einem Topf erhitzten und Zwiebel mit Knoblauch glasig andünsten.
- Kartoffeln und Gemüse zugeben und kurz mit anbraten.
- Mit der Gemüsebrühe aufgießen, aufkochen und für 30 Minuten köcheln lassen.
- Mit einem Pürierstab die Suppe pürieren.
- Suppe im Teller servieren und mit Petersilie garnieren.

# Paprikasuppe

## Zutaten

- 5 Paprika
- 1 Zwiebel
- 1 Knoblauchzehe
- 700 ml Gemüsebrühe
- 180 ml Kokosmilch
- 1 EL Speisestärke
- 2 EL (Raps)Öl
- Salz sowie Chiliflocken

## Zubereitung

- Paprika putzen und grob würfeln, Zwiebel klein würfeln und Knoblauchzehe pressen.
- Einen Topf mit Öl erhitzen und die Zwiebel glasig anbraten.

- Paprikawürfel zufügen, anbraten und mit Brühe ablöschen.
- Knoblauch zugeben und 20 Minuten leicht köcheln lassen.
- Die Suppe pürieren.
- Die Kokosmilch mit der Speisestärke gut verrühren und zugeben.
- Mit Salz und Chili abschmecken.

# Brokkolicremesuppe

## Zutaten

- 1 Brokkoli
- 4 Kartoffeln
- 1 Zwiebel
- 1 Knoblauchzehe
- 800 ml Gemüsebrühe
- 200 ml Sojadrink
- 2 EL (Raps)Öl
- Salz zum Abschmecken

## Zubereitung

- Kartoffeln würfeln, Zwiebel kleine würfeln, Knoblauchzehe pressen.
- Einen Topf mit Öl erhitzen und die Zwiebel glasig anbraten.
- Gemüsebrühe, Knoblauch und Kartoffeln zugeben und im geschlossenen Topf 5 Minuten kochen.

- Währenddessen Brokkoliröschen abtrennen und die Stiele klein schneiden.
- Brokkoli zugeben und weitere 15 Minuten kochen.
- Sojadrink hinzugeben und pürieren.
- Mit Salz abschmecken und noch einmal kurz aufkochen lassen.

# Zucchinisuppe

## Zutaten

- 500 g Zucchini
- 1 Zwiebel
- 1 Knoblauchzehe
- 600 ml Gemüsebrühe
- 70 ml Sojasahne
- 2 EL (Raps)Öl
- Salz und Pfeffer zum Abschmecken

## Zubereitung

- Zucchini in kleine Würfel schneiden.
- Knoblauchzehe pressen und Zwiebel klein würfeln.
- Öl einem Topf erhitzten und Zwiebel mit Knoblauch glasig andünsten.
- Gemüsebrühe und Zucchini zugeben, aufkochen und für 20 Minuten köcheln lassen.

- Sojasahne zugeben und nochmals kurz aufkochen.
- Mit einem Pürierstab die Suppe pürieren.
- Mit Salz und Pfeffer die Suppe abschmecken.

# Steckrübensuppe

## Zutaten

- ½ Steckrübe
- 1 Zwiebel
- 1000 ml Gemüsebrühe
- 250 ml Sojasahne (alternativ 250 ml Pflanzendrink nach Wahl)
- 3 EL (Raps)Öl
- 2 EL Mehl
- ½ TL Muskat
- 4 EL Hefeflocken
- Salz und Pfeffer zum Abschmecken
- Petersilie zum Garnieren

## Zubereitung

- Zwiebel und Steckrübe klein würfeln
- Öl in einem Topf erhitzen und Gemüse darin gut andünsten.

- Mit Mehl bestäuben und eine Mehlschwitze bereiten.
- Gemüsebrühe zugeben und aufkochen lassen.
- Auf mittlerer Stufe 25 Minuten köcheln lassen.
- Die Suppe mit einem Pürierstab cremig pürieren.
- Sahne und Muskat zugeben und nochmal aufkochen lassen.
- 3 Minuten auf mittlerer Stufe köcheln lassen.
- Hefeflocken einrühren und mit Salz und Pfeffer abschmecken.
- Die Suppe mit Petersilie garniert servieren.

# Kichererbsensuppe

## Zutaten

- 1 Dose Kichererbsen (480g)
- 2 Tomaten
- 2 Zwiebel
- 2 Knoblauchzehen
- 1 Frühlingszwiebel
- 1000 ml Gemüsebrühe
- 1 TL Paprikapulver
- 1 TL Kreuzkümmel
- 1 TL Chilipulver
- 1 EL Zitronensaft
- 3 EL Sojajoghurt Natur
- 2 EL (Raps)Öl
- Salz und Pfeffer zum Abschmecken

## Zubereitung

- Kichererbsen gut abspülen.

- Tomaten würfeln, Frühlingszwiebel und Zwiebeln kleine würfeln, Knoblauchzehen pressen.
- Einen Topf mit Öl erhitzen und die Zwiebel mit dem Knoblauch glasig anbraten.
- Gemüsebrühe zugeben und aufkochen lassen.
- Kichererbsen, Tomaten, Paprikapulver und Kreuzkümmel zugeben und bei mittlerere Hitze 10 Minuten köcheln lassen.
- Währenddessen Brokkoliröschen abtrennen und die Stiele klein schneiden.
- Zitronensaft zugeben und mit einem Pürierstab die Suppe pürieren.
- Frühlingszwiebel hinzugeben und mit Salz und Pfeffer abschmecken.
- In tiefen Tellern servieren und mit 1 - 2 Löffel Sojajoghurt garnieren.
- Tipp: Die Suppe entwickelt ihr Aroma und schmeckt aufgewärmt fast noch besser.

# Champignonsuppe

## Zutaten

- 200 g Champignons
- 1 Zwiebel
- 1 Knoblauchzehe
- 700 ml Gemüsebrühe
- 100 ml Sojasahne
- ½ TL Thymian
- ½ TL Pfeffer
- 1 TL Salz
- 2 EL (Raps)Öl

## Zubereitung

- Champignons in Scheiben schneiden, Zwiebel klein würfeln und Knoblauchzehe pressen.
- Einen Topf mit Öl erhitzen und die Zwiebel glasig anbraten.

- Gemüsebrühe, Thymian und Champignons zugeben und 10 Minuten köcheln lassen.
- Sojasahne zugeben und nochmals aufkochen und 5 Minuten ziehen lassen.
- Suppe mit Salz und Pfeffer abschmecken und in tiefen Tellern servieren.

# Einfache Lauchsuppe

## Zutaten

- 1 Stange Lauch
- 2 EL Mehl
- 1000 ml Gemüsebrühe
- 8 EL Pflanzendrink
- 2 EL Zitronensaft
- 3 EL (Raps)Öl

## Zubereitung

- Wurzeln und äußere Blätter vom Lauch entfernen, grünes Ende längs einschneiden und gründlich waschen.
- Schneiden Sie den Lauch in Ringe
- Öl in einem Topf erhitzen und Lauch darin anbraten.
- Mehl einrühren, bis sich mit der Magarine verbunden hat.
- Gemüsebrühe, Pflanzendrink und Zitronensaft zugeben, und nur kurz aufkochen.

- Mit Salz und Pfeffer abschmecken und in tiefen Tellern servieren.

# Tomatensuppe mit Gemüse

## Zutaten

- 1 Dose gehackte Tomaten
- 1 Dose passierte Tomaten
- 3 Karotten
- 1 Zwiebel
- 2 Knoblauchzehen
- 1 Lauch
- 1 Lauchzwiebel
- 1 Zucchini
- 2 EL (Kokos)Öl
- Salz zum Abschmecken

## Zubereitung

- Das Gemüse klein schneiden, Knoblauchzehen pressen.
- Einen Topf mit Öl erhitzen und die Zwiebel glasig anbraten.

- Alle Zutaten außer Tomaten zugeben und 5 Minuten köcheln lassen.
- Tomaten in den Topf geben und bei kleiner Hitze 20 Minuten köcheln lassen.
- Suppe pürieren und mit Salz abschmecken.

# Grünkernsuppe

## Zutaten

- 90 g Grünkern-Schrot
- 3 Paprika
- 1 Zwiebel
- 1 Knoblauchzehe
- 900 ml Gemüsebrühe
- 50 ml Sojasahne
- 2 EL (Raps)Öl
- Salz und Pfeffer zum Abschmecken
- 2 EL Petersilie

## Zubereitung

- Paprika putzen und grob würfeln, Zwiebel klein würfeln und Knoblauchzehe pressen.
- Einen Topf mit Öl erhitzen und die Zwiebel glasig anbraten.

- Grünkern zugeben und 3 Minuten unter ständigem Rühren anrösten.
- Mit der Gemüsebrühe ablöschen und auf niedriger Hitze 10 Minuten köcheln lassen.
- Paprikawürfel und Knoblauch zugeben und weitere 10 Minuten leicht köcheln lassen.
- Die Suppe pürieren.
- Die Sojasahne zugeben, aufkochen und für 5 Minuten ziehen lassen.
- Mit Salz und Pfeffer abschmecken.
- Suppe in tiefen Tellern, mit Petersilie bestreut servieren.

# Spargelcremesuppe

## Zutaten

- 25 g weißer Spargel
- 900 ml Wasser (Spargelwasser und Brühe)
- 100 ml Sojasahne
- 40 g Mehl
- 1 Brühwürfel
- 1 TL Zitronensaft
- 1 TL Zucker
- 1 Prise Muskat
- 2 EL (Raps)Öl
- Salz zum Abschmecken
- Optional: 2 EL Weißwein

## Zubereitung

- Spargel schälen und in 3- 4 cm langer Stücke schneiden.
- Wasser in einen Topf aufkochen, leicht salzen und den Spargel gar kochen.

- Spargel abgießen und das Spargelwasser auffangen.
- Spargelwasser abmessen und bei Bedarf mit Wasser auffüllen, das es 900 ml ergibt.
- Öl in einem Topf erhitzen, Mehl zugeben und unter ständigem Rühren hellgelb anschwitzen.
- Flüssigkeit und Brühwürfel, (Optional Weißwein) zugeben, aufkochen und den Herd abschalten.
- Sojasahne zugeben und die Suppe 5 Minuten ziehen lassen.
- Spargel, Zucker, Muskat und Zitronensaft zugeben.
- Die Suppe kann jetzt nach Belieben püriert werden.
- Mit Salz und Pfeffer abschmecken und in tiefen Tellern servieren.

# Zwiebelsuppe

## Zutaten

- 6 Zwiebeln
- 1 EL Mehl
- 1000 ml warme Gemüsebrühe
- 250 ml veganer Weißwein
- 80 g vegane Butter
- 4 (etwa 2 cm dicke) Scheiben Baguette
- 100 g geriebener veganer Käse
- 1 TL Zucker
- 1 TL Paprikapulver
- ½ TLSalz
- ¼ TL Pfeffer

## Zubereitung

- Zwiebel in feine Ringe schneiden.

- 50 g Butter in einem Topf erhitzen und Zwiebeln glasig andünsten.
- Mit Mehl bestreuen und mit Salz, Pfeffer und Zucker würzen.
- Unter ständigem Rühren kurz anbraten lassen.
- Gemüsebrühe und Weißwein zugeben, aufkochen und 20 Minuten leicht köcheln lassen.
- Restliche Butter in einer Pfanne erhitzen und Baguette knusprig braun braten.
- Backofen auf 200 Grad Umluft vorheizen.
- Zwiebelsuppe in 4 feuerfeste Schälchen füllen, Baguette auf die Suppe legen, mit geriebenen Käse und Paprikapulver bestreuen.
- Zwiebelsuppe im Backofen goldbraun überbacken und gleich servieren.

# Tofusuppe

## Zutaten

- 100 g Räuchertofu
- 150 Champignons
- 3 Karotten
- 1 Bund Frühlingszwiebel
- 2 Knoblauchzehe
- 1100 ml heiße Gemüsebrühe
- 3 EL veganer Weißwein
- 3 EL Sojasauce
- 1 Prise Ingwer
- 1 TL Agavendicksaft
- ½ TL Pfeffer
- ½ TL Zitronensaft
- 2 EL (Raps)Öl

## Zubereitung

- Champignons in Scheiben schneiden, Karotte und Frühlingszwiebel in feine Scheiben schneiden und Knoblauchzehe pressen.
- Tofu abtrocknen und in kleine Würfel schneiden.
- Einen Topf mit Öl erhitzen und Tofu goldbraun anbraten.
- Knoblauch zugeben und kurz mit anbraten.
- Restliches Gemüse zugeben und unter ständigem Rühren 3 Minuten weiter braten.
- Gemüsebrühe und Wein zugeben und 20 Minuten köcheln lassen.
- Restliche Zutaten zugeben und 5 Minuten ziehen lassen.

# Minestrone

## Zutaten

- 1000 ml Gemüsebrühe
- 700 g Gemüse nach Wahl (z.b. Kartoffel, Karotte, Tomaten usw)
- 1 Zwiebel
- 1 TL Salz
- 3 EL Olivenöl
- 120 g kleine italienische Hartweizennudeln

Zum Servieren:

- 6 TL Olivenöl

## Zubereitung

- Zwiebel und Gemüse klein hacken.
- Öl in einem Topf erhitzen und Zwiebel darin glasig anbraten.
- Gemüsebrühe und Gemüse zugeben.

- Aufkochen und die Suppe 20 Minuten bei niedriger Hitze köcheln lassen.
- Salz und Nudeln zugeben.
- Zeit gemäß Packungsangabe der Nudeln kochen lassen.
- Minestrone in tiefe Teller geben und mit Öl betreufeln.

# Kastaniensuppe

## Zutaten

- 250 g Kastanienpüree
- 1 Zwiebel
- 300 ml Gemüsebrühe
- 250 ml Sojasahne
- 2 EL (Raps)Öl
- Salz und Pfeffer zum Abschmecken.

## Zubereitung

- Zwiebel fein hacken.
- Öl in einem Topf erhitzen und Zwiebel darin glasig anbraten.
- Gemüsebrühe zugeben und Kastanienpüree einrühren.
- Suppe für etwa 15 Minuten köcheln lassen.
- Sojasahne zugeben und 5 Minuten ziehen lassen.

- Mit Salz und Pfeffer abschmecken und in tiefen Tellern servieren.

# Butternuss-Suppe

## Zutaten (4 Portionen)

- 1 Butternusskürbis
- 1 Dose Kokosmilch
- Wasser nach Bedarf
- 1 Zwiebel
- 2 Knoblauchzehen
- 1 EL Kurkuma
- 1 TL Kreuzkümmel
- 2 EL Kokosöl
- Salz und Pfeffer zum Abschmecken

## Zubereitung

- Kürbis vierteln, schälen, entkernen und in Würfel schneiden.
- Zwiebel klein hacken, Knoblauchzehe pressen.

- Öl in einem großen Topf erhitzen und die Zwiebel darin glasig dünsten.
- Restliche Zutaten zugeben.
- Mit Wasser auffüllen, bis alles bedeckt ist.
- Aufkochen und dann bei kleiner Stufen 30 Minuten köcheln lassen.
- Nochmal Abschmecken und dann in tiefen Tellern servieren.

# Tomatensuppe

## Zutaten (4 Portionen)

- 1000 g Tomaten
- etwas Wasser zum Kochen
- 2 Zwiebeln
- 2 Prisen Zucker
- Salz zum Abschmecken.

## Zubereitung

- Tomaten vierteln und Stielansatz entfernen, Zwiebeln fein hacken.
- Tomaten und Zwiebel in einem Topf, mit etwas Wasser auf kleiner Stufe, eine Stunde köcheln lassen.
- Die Suppe mit einem Pürierstab pürieren und nochmals aufkochen.
- Zucker zugeben und mit Salz abschmecken.

# Karottensuppe

## Zutaten

- 500 g Karotten
- 1 Zwiebel
- 1 Knoblauchzehe
- 1000 ml warme Gemüsebrühe
- 150 ml Sojasahne
- 2 EL (Raps)Öl
- 1 TL Paprikapulver
- Salz und Pfeffer zum Abschmecken.

## Zubereitung

- Karotten schälen und waschen und in kleine Stücke schneiden.
- Zwiebel fein hacken, Knoblauchzehe pressen.
- Öl in einer hohen Pfanne erhitzen und Zwiebel mit Knoblauch 3 Minuten darin anbraten.

- Gemüsebrühe und Karotten zugeben und solange köcheln lassen bis die Karotten weich sein.
- Die Suppe mit einem Pürierstab pürieren.
- Sojasahne und Paprikapulver zugeben und 5 Minuten ziehen lassen.
- Mit Salz und Pfeffer abschmecken und in tiefen Tellern servieren.

# Rote Bete Suppe

## Zutaten

- 600 g Rote Bete (geschälte ca. 400g)
- 5 Kartoffeln
- 4 Karotten
- 1 Sellerie
- 1 Zwiebel
- 1000 ml warme Gemüsebrühe
- 2 EL (Raps)Öl
- Optional: 1 EL Meerrettich (aus dem Glas)
- Salz und Pfeffer zum Abschmecken.

## Zubereitung

- Rote Bete, Kartoffel, Karotten und Sellerie in kleine Stücke schneiden.
- Zwiebel fein hacken.

- Öl in einer hohen Pfanne erhitzen und Zwiebel glasig anbraten.
- Das klein geschnittene Gemüse zugeben und 3 Minuten, unter ständigem Rühren anbraten.
- Gemüsebrühe zugeben, aufkochen und solange köcheln lassen bis die Kartoffel und Karotten weich sein.
- Die Suppe mit einem Pürierstab pürieren.
- Mit Salz und Pfeffer abschmecken.
- Optional noch mit Meerrettich abschmecken.

# Buchweizen - Paprikasuppe

## Zutaten

- 100 g Buchweizen
- 300 g Kartoffeln
- 1 (rote) Paprika
- 1 Karotten
- 1 Zwiebel
- 1000 ml warme Gemüsebrühe
- 250 ml Sojasahne
- 2 EL (Raps)Öl
- Salz zum Abschmecken.

## Zubereitung

- Kartoffeln schälen und waschen und in kleine Stücke schneiden.
- Zwiebel fein hacken, Paprika und Karotte in kleine Stücke schneiden.

- Öl in einer hohen Pfanne erhitzen und Zwiebel, Paprika und Karotte 3 Minuten darin anbraten.
- Gemüsebrühe, Buchweizen und Kartoffel zugeben und 30 Minuten bei mittlerer Hitze köcheln lassen.
- Sojasahne zugeben und nochmals 10 Minuten köcheln lassen.
- Mit Salz abschmecken und in tiefen Tellern servieren.

# Kalte Suppen

# Wassermelonen - Tomatensuppe

## Zutaten

- 1,5 kg Wassermelone
- 4 Tomaten
- 1 Stück Gurke, etwa 10 cm
- 2 Frühlingszwiebel
- 600 ml Wasser
- 1 EL Minze
- Salz und Pfeffer zum Abschmecken.

## Zubereitung

- Wassermelonenfruchtfleisch entkernen und in Stücke schneiden.
- Nur die grünen Teile der Frühlingszwiebeln verwenden.
- Wassermelone, Tomaten, Gurke, Frühlingszwiebeln in eine hohe Schüssel geben und mit einem Pürierstab pürieren.

- Mit Salz und Pfeffer abschmecken und über Nacht in den Kühlschrank stellen.
- In tiefen Tellern, mit Minze garniert servieren.

# Gazpacho

## Zutaten

- 850 ml Tomatensaft
- 1 Zwiebel
- ½ mittelgroße Gurke
- ½ grüne Paprikaschote
- ½ rote Paprikaschote
- 3 Tomaten
- 2 Knoblauchzehen
- 6 Scheiben veganes Weißbrot
- 6 EL Olivenöl
- 3 EL Weißweinessig
- ½ TL Zucker
- 1 TLSalz
- 1 TL Pfeffer

## Zubereitung

- Die Knoblauchzehen pressen und einzeln beiseite stellen.
- Gemüse fein hacken und mit einer Knoblauchzehe in eine Schüssel geben.
- Tomatensaft, Essig, Öl, Zucker, Salz und Pfeffer zugeben und gut verrühren.
- Gemüsesuppe mit einem Pürierstab pürieren und kaltstellen.
- Backofen auf 180 Grad C vorheizen.
- Das Weißbrot in 1 cm Würfel schneiden.
- Öl mit der zweiten Knoblauchzehe mischen und über das gewürfelte Weißbrot geben.
- Weißbrot auf ein mit Backpapier ausgelegtes Backblech geben und 10 Minuten goldbraun backen. Gelegentlich umrühren.
- Die kalte Gemüsesuppe in tiefe Teller füllen und mit den Weißbrotwürfeln bestreuen.

# Avocado - Mandelsuppe

## Zutaten

- 2 reife Avocados
- 100 g gemahlene Mandeln
- 1 Selleriestange
- 1 Karotte
- 1 Zwiebel
- 4 Knoblauchzehe
- 1 Lorbeerblatt
- 600 ml Wasser
- 2 EL Zitronensaft
- Salz zum Abschmecken.
- 1 EL Schnittlauch zum Garnieren

## Zubereitung

- Karotten reiben, Sellerie und Zwiebel fein hacken, Knoblauchzehe pressen.

- Wasser, Sellerie, Karotte, Zwiebel, Loorbeerblatt und Knoblauch in einen großen Topf geben und aufkochen.
- Etwas Salz zugeben und 30 Minuten, bei geringer Hitze köcheln lassen.
- Die Suppe abgießen und die Kochflüssigkeit auffangen.
- Das Lorbeerblatt entfernen, dann das Gemüse mit einem Pürierstab pürieren.
- Kochflüssigkeit und Mandeln zugeben und gut durchrühren.
- Die Suppe abkühlen lassen.
- Avocados halbieren, entkernen und das Fruchtfleisch in einen Mixer geben.
- Die kalte Suppe nach und nach zugeben und mixen.
- Falls die Suppe zu dickflüssig ist, etwas Wasser zugeben und vermixen.
- Zitronensaft zugeben und mit Salz abschmecken.
- Mit Schnittlauch garnieren und in tiefen Tellern servieren.

# Eintöpfe

# Borschtsch

## Zutaten

- 400 g Weißkohl
- 400 g Rote Bete
- 400 g vorwiegend festkochende Kartoffeln
- 200 g Räuchertofu
- 2 Zwiebeln
- 2 Knoblauchzehen
- 1 EL vegane Butter
- 1 TL Tomatenmark
- 800 ml Gemüsebrühe
- 200 g Pizzatomaten
- 1 TL Paprikapulver
- 1 TL Kümmel
- 4 EL Sojasahne
- 2 EL Zitronensaft
- Salz, Pfeffer und Essig zum Abschmecken

## Zubereitung

- Zwiebeln und Kohl in feine Streifen schneiden und Knoblauch pressen.
- In einem großen Topf Butter zerlassen,
- Zwiebeln, Kohl und Knoblauch bei mittlerer Hitze 4 Minuten darin dünsten.
- Tomatenmark zugeben und unter Rühren kurz dünsten.
- Mit Brühe und Tomaten aufgießen, mit Paprikapulver und Kümmel würzen und zugedeckt bei mittlerer Hitze 20 Minuten kochen.
- Rote Bete und Kartoffeln schälen und in 1 cm breite Streifen schneiden.
- Beides zum Kohl geben und weitere 25 Minuten garen.
- Tofu würfeln, zugeben und 5 Minuten köcheln lassen.
- Eintopf mit Salz, Pfeffer, Zitronensaft und Essig abschmecken.
- Mit Sojasahne servieren.

# Veganer Hackfleischtopf

## Zutaten

- 150 g Sojagranulat
- 2 Zwiebeln
- 2 Stangen Lauch
- 1000 ml Gemüsebrühe
- 250 ml Sojasahne
- 5 EL Tomatenmark
- 1 EL Senf
- 1 TL Paprika
- 1 TL Zucker
- 1 TL Salz
- 3 Prisen Pfeffer
- 1 EL (Oliven)Öl

Beilage: Brot

## Zubereitung

- Das Sojagranulat nach Packungsanweisung zubereiten.
- Zwiebel klein würfeln und Lauch in Streifen schneiden.
- Öl in einer Pfanne erhitzen und Zwiebel darin glasig anbraten.
- Abgetropftes Sojagranulat, Lauch, Tomatenmark, Gemüsebrühe, Senf und Gewürze hinzugeben.
- 15 Minuten köcheln lassen und dabei mehrfach rühren.
- Sojasahne unterrühren, Herd abdrehen und noch 5 Minuten ziehen lassen.
- In vorgewärmten Tellern servieren und Brot dazu reichen.

# Grünkohleintopf

## Zutaten

- 500 g Grünkohl (+ Salzwasser zum Kochen)
- 5 Kartoffeln
- 3 Karotten
- 3 Zwiebeln
- 1 Chilischote
- 400 ml Gemüsebrühe
- 400 ml Kokosmilch
- 2 EL feine Haferflocken
- 1 TL Zucker
- 2 EL (Raps)Öl
- Salz und Pfeffer zum Abschmecken

## Zubereitung

- Grünkohl waschen, abtrocknen, Strunk abtrennen und in kleine Stücke zupfen.

- Wasser in einem Topf aufkochen lassen, etwas salzen und Grünkohl für 5 Minuten darin kochen. Im Sieb abtropfen lassen.
- Zwiebel klein würfeln und Chilischote in kleine Ringe schneiden.
- Kartoffel und Karotten klein würfeln.
- Öl in einer Pfanne erhitzen und Zwiebel mit Chili darin glasig andünsten.
- Grünkohl hinzugeben und unter ständigem Rühren, bei geringer Hitze 5 Minuten anbraten.
- Gemüsebrühe zugeben und für 10 Minuten köcheln lassen.
- Kokosmilch, Kartoffel, Karotten, Haferflocken und Zucker unterrühren und für 45 Minuten köcheln lassen. Dabei gelegentlich umrühren.
- Mit Salz und Pfeffer abschmecken und in vorgewärmten Tellern servieren.

# Tomaten - Reiseintopf

## Zutaten

- 6 Tomaten
- 100 g Langkornreis (+ Salzwasser)
- 1 Bund Lauchzwiebeln
- 1000 ml Gemüsebrühe
- 3 EL Tomatenmark
- 2 EL (Raps)Öl
- 2 EL Petersilie zum Garnieren
- Salz und Pfeffer zum Abschmecken

## Zubereitung

- Reis in kochendes Salzwasser geben und zugedeckt bei schwacher Hitze 20 Minuten quellen lassen.
- Lauchzwiebeln in Ringe schneiden. Tomaten vierteln.
- Öl in einem Topf erhitzen und Lauchzwiebeln darin andünsten.

- Tomaten und Tomatenmark zugeben und 2 Minuten mitdünsten.
- Gemüsebrühe zugeben und für 10 Minuten köcheln lassen.
- Gekochten Reis zugeben und mit Salz und Pfeffer abschmecken.
- Eintopf in Teller anrichten und mit Petersilie garnieren.

# Tomaten - Nudeleintopf

## Zutaten

- 400 g passierte Tomaten
- 350 g Hartweizennudeln (Empfehlung: Spaghetti)
- 1 Zwiebel
- 3 Knoblauchzehen
- 900 ml Gemüsebrühe
- 3 EL Tomatenmark
- 1 EL Balsamico
- 1 TL Basilikum
- 5 EL (Raps)Öl
- 1 EL Agavendicksaft
- Salz und Pfeffer zum Abschmecken

## Zubereitung

- Sollten Spaghetti verwendet werden, empfehle ich diese in der Mitte auseinanderzubrechen.
- Zwiebel und Knoblauchzehen klein hacken.

- Öl in einem Topf erhitzen und Zwiebel mit Knoblauch darin andünsten.
- Restliche Zutaten zugeben, aufkochen und für 20 Minuten, unter gelegentlichem Umrühren leicht köcheln lassen.
- Wenn das Wasser aufgesogen ist mit Salz und Pfeffer abschmecken.

# Champignoneintopf

## Zutaten

- 250 g Champignons
- 300 g passierte Tomaten
- 300 g Hartweizennudeln
- 1 Zwiebel
- 1 Knoblauchzehe
- 700 ml Gemüsebrühe
- 3 EL Tomatenmark
- 1 TL Oregano
- 2 EL (Raps)Öl
- Salz und Pfeffer zum Abschmecken

## Zubereitung

- Champignons putzen und vierteln
- Zwiebel und Knoblauchzehe fein hacken.
- Öl in einem Topf erhitzen und Zwiebel mit Knoblauch darin andünsten.

- Restliche Zutaten zugeben und Aufkochen.
- Eintopf für etwa 20 Minuten leicht köcheln lassen. Dabei gelegentlich Umrühren.
- Wenn die Flüssigkeit fast ganz aufgesogen ist, mit Salz und Pfeffer abschmecken.

# Kichererbseneintopf

## Zutaten

- 1 Dose Kichererbsen
- 1 Dose gehackte Tomaten
- 4 Kartoffeln
- 2 Karotten
- 1 Zucchini
- 100 g Mais
- 1 Zwiebel
- 2 Knoblauchzehe
- 1000 ml Gemüsebrühe
- 2 Prisen Ingwer
- 2 Prisen Muskat
- 2 Prisen Cayennepfeffer
- 1 EL Paprikapulver
- 1 TL Oregano
- 2 EL (Raps)Öl

- Salz und Pfeffer zum Abschmecken
- Petersilie zum Garnieren

## Zubereitung

- Kichererbsen gut abwaschen und abtropfen lassen.
- Zwiebel klein hacken, Knoblauchzehen pressen und Gemüse klein würfeln.
- Öl in einen großen Topf erhitzen und Zwiebel mit Knoblauch glasig anbraten.
- Tomatenmark zugeben und kurz anbraten.
- Mit Gemüsebrühe ablöschen.
- Tomaten, Kartoffel, Zucchini und Karotten zugeben.
- Bei mittlerer Hitze 30 Minuten köcheln lassen.
- Wenn das Gemüse bissfest ist, Kichererbsen, Mais und Gewürze zugeben und 10 Minuten köcheln lassen.
- Mit Salz und Pfeffer abschmecken und mit Petersilie garnieren.

# Tofu -Reiseintopf

## Zutaten

- 300 g Räuchertofu
- 250 g Langkornreis
- 2 Zwiebeln
- 1 Knoblauchzehe
- 500 ml Gemüsebrühe
- 2 EL Tomatenmark
- 1 Lorbeerblatt
- 2 Prisen Majoran
- 1 EL Essig
- 3 EL Paprikapulver
- 2 EL (Raps)Öl
- 2 EL Schnittlauch zum Garnieren
- Salz und Pfeffer zum Abschmecken

## Zubereitung

- Räuchertofu gut abtrocknen und klein würfeln.
- Zwiebeln und Knoblauch fein hacken.
- Öl in einem Topf erhitzen und Zwiebeln darin glasig andünsten.
- Tofu zugeben und goldbraun anbraten.
- Reis zugeben und glasig anbraten.
- Tomatenmark und Paprikapulver zugeben und kurz anbraten.
- Mit Gemüsebrühe ablöschen.
- Essig, Majoran und Lorbeerblatt zugeben und für 20 Minuten, zugedeckt köcheln lassen.
- Mit Salz und Pfeffer abschmecken.
- Eintopf in Teller anrichten und mit Schnittlauch garnieren.

# Ratatouille

## Zutaten

- 5 Tomaten
- 2 Aubergine
- 1 Zucchini
- 3 Paprika
- 2 Zwiebeln
- 2 Knoblauchzehen
- 1 TL Thymian
- 1 TL Petersilie
- 1 TL Basilikum
- 2 Prisen Pfeffer
- 1 EL (Oliven)Öl

Beilage: Baguette oder Nudeln, Optional noch Hefeflocken

## Zubereitung

- Knoblauchzehen pressen, Zwiebel klein würfeln und restliches Gemüse in 2 cm breite Stücke schneiden.
- Öl n einem Topf erhitzen.
- Zwiebel und Knoblauch glasig anbraten.
- Tomaten, Paprika und alle Gewürze zugeben und für 10 Minuten bei mittlerer Stufe, unter gelegentlichem Umrühren, dünsten.
- Auberginen und Zucchini zugeben und unter gelegentlichem Umrühren, weitere 15 Minuten dünsten.
- Mit einer Beilage nach Wahl servieren.
- Optional mit Hefeflocken bestreuen.

# Chili sin Carne

## Zutaten

- 2 Dosen Kidneybohnen
- 400 g Tofu Natur
- 1 Dose Mais
- 1 Paprika
- 1 Zwiebel
- 4 EL Tomatenmark
- 2 EL (Raps)Öl
- ein wenig Gemüsebrühe nach Belieben
- Optional: ein Stück vegane Zartbitterschokolade
- Salz, Pfeffer, Paprikapulver und Chilipulver

## Zubereitung

- Zwiebel und Paprika schälen und klein würfeln.
- Tofu mit Küchenpapier abtrocknen und klein würfeln.
- Öl in einem Topf erhitzen.

- Tofu und die Zwiebel 5 Minuten lang bei geschlossenem Deckel anbraten lassen.
- Paprikawürfel hinzu geben und kurz mitbraten.
- Abgetropfte Kidneybohnen und abgetropften Mais hinzugeben und das Tomatenmark einrühren.
- Nach und nach wird das Ganze mit etwas Gemüsebrühe so aufgefüllt, dass es die typische Konsistenz von Chili erreicht.
- Optional ein Stück Zartbitterschokolade zugeben.
- Mit Salz, Pfeffer, Paprikapulver und Chilipulver abschmecken.
- Nach dem Abschmecken wird das Chili erneut aufgekocht.

# Pichelsteiner

## Zutaten

- 40 g Soja Würfel (Trockenprodukt)
- 400 g Kartoffel
- 200 g Kohlrabi
- 200 g Karotten
- 200 g Sellerie
- 1 Stange Lauch
- 1 Zwiebel
- 3 EL (Raps)Öl
- 1000 ml Gemüsebrühe
- 2 Prisen Muskat
- Salz und Pfeffer zum Abschmecken
- 4 EL Petersilie zum Garnieren

## Zubereitung

- Zwiebel klein hacken und Gemüse in kleine Würfel oder Scheiben schneiden.

- Sojawürfel in der Gemüsebrühe aufkochen und 10 Minuten ziehen lassen.
- Sojawürfel mit einem Sieb aus der Gemüsebrühe nehmen.
- Gemüsebrühe beiseite stellen.
- Öl in einem Topf erhitzen.
- Im Topf Zwiebel, Lauch, Kartoffel, Kohlrabi, Sellerie, Karotten und Sojawürfel schichtweise zugeben.
- Jede Schicht leicht mit Salz, Pfeffer und Muskat würzen.
- Mit Gemüsebrühe übergießen, bis das Gemüse zu ¾ bedeckt ist.
- Zugedeckt für 30 Minuten, bei mittlerer Hitze köcheln lassen. Dabei nicht umrühren!
- Wenn die Kartoffeln bissfest sind, umrühren und mit Petersilie garniert servieren.

# Quinoa-Eintopf

## Zutaten

- 50 g rote Quinoa (+250 ml Wasser)
- 150 g Tomaten (frisch oder passiert)
- 5 getrocknete Tomaten
- 200 ml Kokosmilch
- 1 Zucchini
- 1 Paprika
- 1 Knoblauchzehe
- 2 EL Röstzwiebeln
- 2 EL Ajvar
- 2 EL Tomatenmark
- 2 EL Paprikapulver
- 1 TL Oregano
- 1 TL Gemüsebrühe
- Salz und Pfeffer zum Abschmecken

## Zubereitung

- Knoblauchzehe pressen und Gemüse klein würfeln.
- Quinoa mit Wasser in einen großen Topf geben und 10 Minuten kochen lassen.
- Alle Zutaten, außer Tomaten und getrocknete Tomaten, zugeben und bei mittlerer Hitze 5 Minuten köcheln lassen.
- Tomaten und getrocknete Tomaten zugeben und für 20 Minuten köcheln lassen.
- Mit Salz und Pfeffer abschmecken.

# Kartoffelgulasch

## Zutaten

- 7 Kartoffeln
- 500 g passierte Tomaten
- 8 große Champignonsuppe
- 2 Paprika
- 2 Karotten
- 1 Zwiebel
- 1 Knoblauchzehe
- 400 ml Gemüsebrühe
- 2 EL Tomatenmark
- 1 Lorbeerblatt
- 1 TL Senf
- 1 TL Paprikapulver
- ½ TL Kreuzkümmel
- 2 EL (Raps)Öl
- Salz und Pfeffer zum Abschmecken

## Zubereitung

- Kartoffeln in kleine Würfel schneiden. Champignons in Scheiben schneiden.
- Paprika und Karotten klein würfeln.
- Zwiebel in Ringe schneiden. Knoblauch fein hacken.
- Öl in einem Topf erhitzen und Zwiebel darin glasig andünsten.
- Paprika und Champignons zugeben und kurz mit anbraten.
- Karotten, Kartoffel und Knoblauch zugeben und für 4 Minuten, unter häufigem Rühren anbraten.
- Gemüsebrühe, Tomaten, Tomatenmark, Lorbeerblatt, Senf, Paprikapulver und Kreuzkümmel zugeben, aufkochen und 20 Minuten köcheln lassen.
- Wenn die Kartoffeln bissfest sind mit Salz und Pfeffer abschmecken.
- Herd abdrehen und Eintopf 5 Minuten ziehen lassen.

# Brokkoli-Eintopf

## Zutaten

- 500 g Brokkoli
- 5 Kartoffel
- 2 Paprika
- 1 Zwiebeln
- 1 Knoblauchzehe
- 300 ml Pflanzendrink nach Belieben
- 200 ml Gemüsebrühe
- 1 - 2 TL Sambal Oelek (je nach Geschmack)
- 2 EL (Raps)Öl
- Salz und Pfeffer zum Abschmecken

## Zubereitung

- Brokkoli in kleine Röschen teilen. Es können auch Stiele verwendet werden.
- Kartoffel und Paprika klein würfeln.
- Zwiebeln und Knoblauch fein hacken.

- Öl in einem Topf erhitzen und Zwiebel mit Knoblauch darin glasig andünsten.
- Kartoffeln zugeben und 5 Minuten anbraten.
- Restliches Gemüse zugeben und kurz mit anbraten.
- Mit Gemüsebrühe und Pflanzendrink ablöschen und Sambal Oelek einrühren.
- Für 20 Minuten, zugedeckt köcheln lassen.
- Wenn die Kartoffel bissfest sind mit Salz und Pfeffer abschmecken.

# Grünkern - Eintopf

## Zutaten

- 100 g Grünkern
- 2 Kartoffeln
- 100 g Suppengemüse
- 1 Zwiebel
- 1 Knoblauchzehe
- 500 ml Gemüsebrühe
- 150 g Sojasahne
- 2 EL (Raps)Öl
- Salz und Pfeffer zum Abschmecken

## Zubereitung

- Grünkern in der Gemüsebrühe für 20 Minuten köcheln lassen und mindestens 5 Stunden quellen lassen.
- Suppengemüse und Kartoffeln in kleine Würfel schneiden.
- Suppengemüse und Kartoffeln mit dem Grünkohl weichkochen.

- Zwiebel und Knoblauch fein hacken.
- Öl in einem Topf erhitzen, Zwiebel und Knoblauch darin glasig andünsten und zum Eintopf geben.
- Sojasahne einrühren, aufkochen und 5 Minuten ziehen lassen.
- Mit Salz und Pfeffer abschmecken.

# Couscous - Eintopf

## Zutaten

- 100 g Couscous
- 200 g Brokkoli
- 70 g Erbsen (TK)
- 2 Frühlingszwiebeln
- 1 Paprika
- 1 Karotte
- 1 Knoblauchzehe
- 200 ml Gemüsebrühe
- 1 EL Currypulver
- 1 TL Harissa
- 2 EL (Raps)Öl
- Salz und Pfeffer zum Abschmecken

## Zubereitung

- Frühlingszwiebeln in Ringe schneiden.

- Brokkoli in Stücke schneiden und Röschen teilen.
- Paprika und Karotte in Würfel schneiden. Knoblauchzehe pressen.
- Öl in einem Topf erhitzen und Karotte, Paprika und Brokkoli 5 Minuten anbraten.
- Knoblauch, Erbsen, Harissa und Currypulver zugeben und kurz mit anbraten.
- Gemüsebrühe zugeben und aufkochen lassen und 10 Minuten bei mittlerer Hitze köcheln lassen.
- Couscous einrühren und aufkochen.
- Mit Salz und Pfeffer abschmecken.
- Herd abdrehen und Couscous - Eintopf 5 Minuten zugedeckt quellen lassen.
- Couscous lockern und mit den Frühlingszwiebeln bestreuen.

# Spitzkohl-Eintopf

## Zutaten

- 500 g Spitzkohl
- 4 Kartoffeln
- 1 Zwiebel
- 900 ml Gemüsebrühe
- 50 ml Sojasahne
- 1 EL Senf
- 1 TL gemahlenen Kümmel
- 1 EL Paprikapulver
- 2 EL (Raps)Öl
- Salz und Pfeffer zum Abschmecken

## Zubereitung

- Spitzkohl in Streifen schneiden, Kartoffeln klein würfeln.
- Zwiebel fein hacken.
- Öl in einem Topf erhitzen und Zwiebel darin glasig andünsten.

- Spitzkohl, Kümmel und Paprikapulver zugeben.
- Solange unter häufigem Rühren anbraten, bis der Kohl eine schöne Farbe angenommen hat.
- Mit Gemüsebrühe ablöschen und aufkochen lassen.
- Auf mittlerer Stufe und für 15 Minuten, zugedeckt köcheln lassen.
- Kartoffeln zugeben und für weitere 20 Minuten zugedeckt köcheln lassen.
- Sojasahne einrühren und nochmals kurz aufkochen.
- Senf einrühren und mit Salz und Pfeffer abschmecken.

# Linseneintopf

## Zutaten

- 150 g rote Linsen
- 2 Dose gehackte Tomaten
- 1 kg Kartoffeln
- 2 Karotten
- 1 Zucchini
- 1 Paprika
- 1 Zwiebel
- 2 Knoblauchzehe
- 500 ml Gemüsebrühe
- 2 EL Tomatenmark
- 1 EL Ajvar
- 2 Prisen Muskat
- 1 EL Paprikapulver
- 1 TL Cayennepfeffer
- 1 EL Essig

- 2 EL (Raps)Öl
- Salz und Pfeffer zum Abschmecken

## Zubereitung

- Linsen nach Packungsangabe zubereiten, gut abwaschen und abtropfen lassen.
- Zwiebel klein hacken, Knoblauchzehen pressen und Gemüse klein würfeln.
- Öl in einem großen Topf erhitzen und Zwiebel mit Knoblauch glasig anbraten.
- Paprika, Kartoffel, Zucchini und Karotten zugeben und 5 Minuten, unter häufigem Rühren mit anrösten.
- Mit Gemüsebrühe ablöschen, Tomaten zugeben und 15 Minuten köcheln lassen.
- Wenn die Kartoffeln bissfest sind Topf von Herd nehmen.
- Linsen, Gewürze, Essig, Tomatenmark und Ajvar untermischen.
- Mit Salz und Pfeffer abschmecken.
- Eine Stunde ziehen lassen und danach nochmal erhitzen.

# Mangoldeintopf

## Zutaten

- 1 Bund Mangold
- 200 g Tellerlinsen
- 1 Zwiebel
- 1000 ml Wasser
- 4 EL (Raps)Öl
- 1 TL Salz

## Zubereitung

- Mangold gut waschen und in kleine Stücke schneiden. Tellerlinsen gut abwaschen.
- Zwiebel fein hacken.
- Öl in einem Topf erhitzen und Zwiebel darin glasig andünsten.
- Linsen zugeben und kurz mit anbraten.
- Wasser zugeben und Linsen eine Stunde gar kochen.
- Mangold zugeben und 15 Minuten köcheln lassen.

- Mit Salz und Zitronensaft abschmecken.
- Herd abdrehen und Eintopf 5 Minuten ziehen lassen.

# Kokos - Gemüseeintopf

## Zutaten

- 200 ml Kokosmilch
- 400 g TK Gemüse nach Belieben (Karotten, Brokkoli, Blumenkohl usw.)
- 100 g TK Blattspinat
- 300 ml Gemüsebrühe
- 1 EL (Raps)Öl
- 2 Prisen Muskat
- Salz und Pfeffer zum Abschmecken
- 1 EL Kokosraspeln zum Garnieren

## Zubereitung

- Gemüsebrühe in einem großen Topf aufkochen und TK Gemüse zugeben.
- Öl und Muskat zugeben und für 15 Minuten, zugedeckt köcheln lassen.
- Kokosmilch zugeben und kurz aufkochen.

- Mit Salz und Pfeffer abschmecken.
- Herd abdrehen und Eintopf 5 Minuten ziehen lassen.
- Mit Kokosraspeln garniert, in tiefen Tellern servieren.

# Wirsingeintopf

## Zutaten

- 1 kleiner Wirsingkopf (ca. 500 g)
- 3 Kartoffeln
- 4 Karotten
- 1000 ml Gemüsebrühe
- 1 EL Kräutermischung nach Belieben
- 2 EL Petersilie zum Garnieren
- Salz und Pfeffer zum Abschmecken

## Zubereitung

- Wirsing vierteln und den Strunk herausschneiden und kleinschneiden.
- Karotten in Scheiben schneiden. Kartoffeln in Würfel schneiden.
- Gemüsebrühe aufkochen, Kartoffeln zugeben und 5 Minuten kochen lassen.
- Wirsing und Karotten zugeben und bei mittlerer Hitze 15 Minuten köcheln lassen.

- Kräuter unterrühren.
- Mit Salz und Pfeffer abschmecken.
- Eintopf in Teller anrichten und mit Petersilie garnieren.

# Buchweizen - Spitzkohleintopf

## Zutaten

- 200 g Buchweizen
- 800 g Spitzkohl
- 4 Kartoffeln
- 2 Karotten
- 1 Zwiebel
- 900 ml Gemüsebrühe
- ½ TL Chilipulver
- Salz und Pfeffer zu Abschmecken

## Zubereitung

- Spitzkohl in Streifen schneiden, Kartoffeln und Karotten kleine Würfel schneiden.
- Zwiebel fein hacken.
- Öl in einem Topf erhitzen und Zwiebel darin glasig andünsten.
- Restliches Gemüse zugeben und kurz mit anbraten.

- Gemüsebrühe zugeben und aufkochen.
- Chilipulver zugeben und 20 Minuten auf mittlerer Stufe köcheln lassen.
- Wenn die Kartoffel bissfest sind mit Salz und Pfeffer abschmecken.

# Rote Bete-Eintopf

## Zutaten

- 2 Rote Bete (vorgegarte)
- 400 g gekochte Kartoffeln
- 200 g Räuchertofu
- 200 g Erbsen (TK)
- 2 Paprika
- 1 Knoblauchzehe
- 250 ml Gemüsebrühe
- 2 EL Tomatenmark
- 2 EL Ajvar
- 2 EL (Raps)Öl
- 2 EL Schnittlauch zum Garnieren
- Salz und Pfeffer zum Abschmecken

## Zubereitung

- Räuchertofu gut abtrocknen und klein würfeln.

- Knoblauch fein hacken. Gemüse klein würfeln.
- Öl in einem Topf erhitzen und Paprika, Tofu und Knoblauch darin anschwitzen.
- Tomatenmark und Rote Bete zugeben und kurz anbraten.
- Mit Gemüsebrühe zugeben und aufkochen.
- Erbsen, Kartoffeln und Ajvar zugeben und für 5 Minuten, zugedeckt leicht köcheln lassen.
- Mit Salz und Pfeffer abschmecken.
- Herd abdrehen und zugedeckt noch 5 Minuten ziehen lassen.
- Eintopf in Teller anrichten und mit Schnittlauch garnieren.

# Weißkohl-Eintopf

## Zutaten

- 500 g Weißkohl
- 4 Kartoffeln
- 1 Zwiebel
- 900 ml Gemüsebrühe
- 50 ml Sojasahne
- 1 EL Senf
- 1 TL gemahlenen Kümmel
- 1 EL Paprikapulver
- 2 EL (Raps)Öl
- Salz und Pfeffer zum Abschmecken

## Zubereitung

- Weißkohl in Streifen schneiden, Kartoffeln klein würfeln.
- Zwiebel fein hacken.
- Öl in einem Topf erhitzen und Zwiebel darin glasig andünsten.

- Weißkohl, Kümmel und Paprikapulver zugeben.
- Solange unter häufigem Rühren anbraten, bis der Kohl eine schöne Farbe angenommen hat.
- Mit Gemüsebrühe ablöschen und aufkochen lassen.
- Auf mittlerer Stufe und für 15 Minuten, zugedeckt köcheln lassen.
- Kartoffeln zugeben und für weitere 20 Minuten zugedeckt köcheln lassen.
- Sojasahne einrühren und nochmals kurz aufkochen.
- Senf einrühren und mit Salz und Pfeffer abschmecken.

# Bohneneintopf

## Zutaten

- 2 Dosen weiße Bohnen (425 ml)
- 1 Paprika
- 125 g Räuchertofu
- 2 Zwiebeln
- 1000 ml Gemüsebrühe
- 2 Prisen Chilipulver
- 2 EL (Raps)Öl
- Salz und Pfeffer zum Abschmecken

## Zubereitung

- Bohnen in ein Sieb gießen und unter kaltem Wasser abspülen.
- Paprika in Stücke schneiden. Räuchertofu abtrocknen und in Würfel schneiden.
- Zwiebel klein würfeln.

- Öl in einer Pfanne erhitzen und Zwiebel darin glasig andünsten.
- Paprika zugeben und unter ständigem Rühren, bei geringer Hitze 3 Minuten anbraten.
- Gemüsebrühe zugeben und für 15 Minuten köcheln lassen.
- Bohnen, Chilipulver und Tofu zugeben und für 5 Minuten köcheln lassen. Dabei gelegentlich umrühren.
- Mit Salz und Pfeffer abschmecken und in vorgewärmten Tellern servieren.

# Das Kochbuch hat ihnen gefallen?

Dann zeigen Sie mir es mit einem positiven Feedback anhand einer Rezension auf Amazon. Dies würde mich als freier Autor sehr freuen und mir unglaublich weiterhelfen!

Mir liegt es sehr am Herzen, auf die Wünsche meiner Leserschaft einzugehen. So kann ich die Qualität meiner Kochbücher stets verbessern.

Falls Sie Rezeptvorschläge, - Änderungen, Kritik oder Anregungen zum Buch haben, können Sie sich gerne per E-Mail bei mir melden.

Meine E-Mail-Adresse finden Sie am Ende des Buches.

Ich danke für ihre Unterstützung!

# Buchvorstellung

- Brot & Brotaufstriche -

100 vegane Rezepte, ohne exotische Zutaten und

natürlich auch für Anfänger bestens geeignet.

Dieses Buch ist von der Zusammenstellung her, so aufgebaut wie dieses.

# Buchvorstellung

Als weiteres Buch kann ich Ihnen meine Vegane Weltreise empfehlen.

In diesem Buch habe ich 100 Rezepte aus aller Welt zusammengestellt.

Dieses Buch ist von der Zusammenstellung her, so aufgebaut wie dieses.

Einfach Rezepte, ohne exotische Zutaten.

# Haftungsausschluss

Die Umsetzung aller enthaltenen Informationen, Anleitungen und Strategien dieses Buches erfolgt auf eigenes Risiko. Für etwaige Schäden jeglicher Art kann der Autor aus keinem Rechtsgrund eine Haftung übernehmen. Für Schäden materieller oder ideeller Art, die durch die Nutzung oder Nichtnutzung der Informationen bzw. durch die Nutzung fehlerhafter und/oder unvollständiger Informationen verursacht wurden, sind Haftungsansprüche gegen den Autor grundsätzlich ausgeschlossen. Ausgeschlossen sind daher auch jegliche Rechts- und Schadensersatzansprüche. Dieses Werk wurde mit größter Sorgfalt nach bestem Wissen und Gewissen erarbeitet und niedergeschrieben. Für die Aktualität, Vollständigkeit und Qualität der Informationen übernimmt der Autor jedoch keinerlei Gewähr. Auch können Druckfehler und Falschinformationen nicht vollständig ausgeschlossen werden. Für fehlerhafte Angaben vom Autor kann keine juristische Verantwortung sowie Haftung in irgendeiner Form übernommen werden.

# Impressum



E-Mail: nora.thaler@freenet.de

ISBN:

9781090732408



Markus Mägerle, Am Kreisgraben 17, 93104 Riekofen

Printed in Poland
by Amazon Fulfillment
Poland Sp. z o.o., Wrocław

46898972R00093